D1389084

Ces ailes marron
et blanc recouvrent
des ailes orange.

Le papillon
déroule sa trompe
pour aspirer
le nectar sucré.

Écaille-martre

Les ailes semblent
fragiles mais sont
très résistantes.

Faux yeux
pour leurrer
les prédateurs

Chenille se nourrissant
sur une feuille.

Papillons
voletant avant
de s'accoupler.

La couleur verte
de la chenille
la camoufle
parmi les feuilles.

Les ailes
vibrent pour
conserver
la chaleur.

LES PAPILLONS

JOHN FELTWELL

Traduit de l'anglais par
JEAN DELAMARE

SEUIL

UN LIVRE DORLING KINDERSLEY

Responsables de l'édition originale
Jodi Block, Vicky Wharton, Susan McKeever, Djinn von Noorden,
Catherine Semark, Frank Greenaway, David Carter

Réalisation de l'édition française
Équipe Graphisme & Illustrés, Seuil

Révision scientifique : Fabien Raimbault

Titre original : *Eyewitness Explorers, Butterflies and Moths*
© 1993, Dorling Kindersley Limited
9 Henrietta Street Covent Garden - London WC2E 8PS,
pour l'édition originale
© Dorling Kindersley Ltd., London,
pour le texte
© octobre 1993, Éditions du Seuil, 27, rue Jacob, 75006 Paris,
pour la traduction française

Imprimé en Italie
Dépôt légal : octobre 1993. N° 17354
ISBN : N° 2-02-017354-9
(Édition originale : ISBN 0-7513-6001-5)

Table des matières

Papillons de jour et de nuit

Tu verras des papillons dans les parcs, les jardins
et à peu près partout où poussent des fleurs des champs.
Les fleurs les attirent car ils se nourrissent de leur nectar.
Observe également les papillons de nuit qui volent
le soir autour des lampadaires.

Splendide papillon
Compte combien de couleurs
différentes tu peux voir sur les
ailes d'un papillon. Regarde aussi
le dessous : les couleurs sont
rarement les mêmes. Le
machaon a de belles taches
jaunes et noires sur les ailes.

*Machaon
se nourrissant
de nectar.*

*Le machaon est
appelé aussi grand
porte-queue à
cause de ces deux
longues queues.*

*Les faux yeux rouge
et bleu trompent
l'agresseur éventuel.*

Vol de nuit

On voit parfois des papillons de nuit le jour, quand ils se reposent sur des murs, des haies ou des troncs d'arbres. La plupart ont des couleurs pâles, au contraire de cette écaille-martre dont les ailes antérieures striées rappellent l'écaille de tortue.

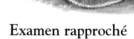

Avec ses ailes rouge et noir, il est facile à repérer.

Examen rapproché

Une loupe te permet d'observer les papillons diurnes ou nocturnes et leurs larves (les chenilles) de façon très détaillée : tu les vois jusqu'à dix fois plus grands qu'ils ne sont en réalité. Si tu veux détacher de sa feuille une chenille pour l'examiner de plus près, utilise un pinceau pour ne pas la blesser.

Cherche les chenilles qui vivent sur le dessous des feuilles.

Utilise un carnet et des crayons de couleur pour noter ce que tu as vu.

Prends des notes

Quand tu observes des papillons, c'est une bonne idée de faire des croquis. Dessine d'abord les contours puis colorie les différents motifs. Note où et quand tu as fait cette esquisse et tout ce qui peut t'aider à identifier le papillon.

Les uns et les autres

Ils ne marchent pas comme les fourmis et les scarabées,
mais ce sont bel et bien des insectes. Ils appartiennent
à l'ordre des lépidoptères, ce qui signifie qu'ils ont des ailes
faites d'écailles. Les papillons diurnes sont très colorés ;
les nocturnes sont en général assez ternes avec un corps
épais et velu et des antennes plumeuses.

Les parties du corps

Les papillons ont trois paires de pattes
et un corps en trois parties : la tête,
le thorax et l'abdomen. Ils ont aussi
deux grandes paires d'ailes, des antennes
et des yeux.

*Le bout de l'antenne
se termine en massue.*

Œil

Tête

Thorax

*Les ailes
des papillons
sont couvertes
de très nombreuses
petites écailles
qui leur donnent
leurs couleurs.*

Abdomen

Endormi sur une feuille

La plupart des papillons de nuit sont petits, avec des ailes courtes et un corps trapu. Au repos, les ailes antérieures recouvrent les postérieures, ce qui donne une forme triangulaire.

Peux-tu apercevoir les marques en forme d'Y sur les ailes de cette noctuelle gamma ?

Aile antérieure

Aile postérieure

Repos debout

Au repos, un papillon diurne comme ce grand porte-queue serre ses deux ailes l'une contre l'autre et les tient toutes droites au-dessus de son corps. Tu en verras beaucoup dans cette position quand il fait beau et chaud.

Les nervures des ailes jouent le même rôle que l'armature d'un cerf-volant.

Formes et couleurs aident le papillon à se confondre avec son environnement.

Échauffement

Diurnes ou nocturnes, les papillons doivent se réchauffer avant de pouvoir s'envoler. Les diurnes se réchauffent au soleil. Les nocturnes doivent faire vibrer leurs ailes pour échauffer les muscles qui leur permettent de s'envoler.

Ailes de rêve

Les papillons possèdent quelque chose que les autres insectes n'ont pas : des écailles sur leurs ailes. Ces milliers de petites écailles donnent aux ailes leurs couleurs. Ce sont aussi des messages codés qui détournent les ennemis et attirent les mâles. Parfois, en cas de danger, elles brillent et effraient les prédateurs.

Ailes de dentelle
Certains papillons ont le dessus des ailes marron. Mais si tu regardes le dessous, tu verras un superbe motif de dentelle.

Ces noctuelles vivent sur les saules et les peupliers.

L'apparition de cette couleur trouble les prédateurs et laisse au papillon le temps de fuir.

Rouge éclatant
Au repos, les ailes mouchetées de cette noctuelle choisie se confondent parfaitement avec l'environnement. Mais, si un danger l'effraie, le papillon déplace ses ailes antérieures et révèle le rouge lumineux de ses ailes postérieures.

L'ocelle est fait de cercles d'écailles de différentes couleurs.

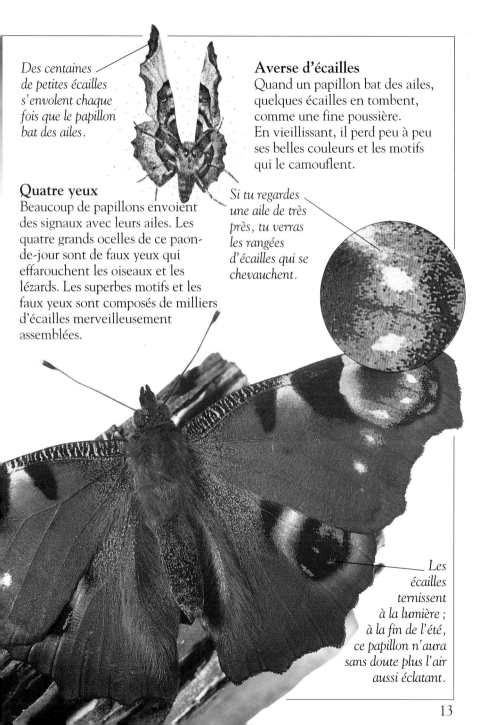

Des centaines de petites écailles s'envolent chaque fois que le papillon bat des ailes.

Averse d'écailles

Quand un papillon bat des ailes, quelques écailles en tombent, comme une fine poussière. En vieillissant, il perd peu à peu ses belles couleurs et les motifs qui le camouflent.

Quatre yeux

Beaucoup de papillons envoient des signaux avec leurs ailes. Les quatre grands ocelles de ce paon-de-jour sont de faux yeux qui effarouchent les oiseaux et les lézards. Les superbes motifs et les faux yeux sont composés de milliers d'écailles merveilleusement assemblées.

Si tu regardes une aile de très près, tu verras les rangées d'écailles qui se chevauchent.

Les écailles ternissent à la lumière ; à la fin de l'été, ce papillon n'aura sans doute plus l'air aussi éclatant.

Faire un papillon

Les ailes d'un papillon semblent très minces et très fragiles. En réalité, elles sont très résistantes. Un réseau de nervures les sous-tend, un peu comme l'armature d'un cerf-volant. Tu peux fabriquer un cerf-volant en forme de papillon, avec des ailes colorées. Il te faut du papier, des ciseaux, des feutres, des pailles et de la ficelle.

Né en Chine
Beaucoup de papillons chinois ont de superbes ailes colorées. Leur beauté et leur grâce ont inspiré, il y a des milliers d'années, en Chine, les premiers cerfs-volants.

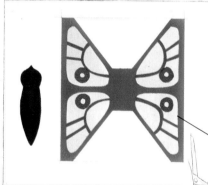

1 Sur une feuille de papier ordinaire dessine le contour et les motifs des ailes et du corps d'un papillon. Utilise des feutres pour colorier les motifs. Si tu utilises du papier de soie, la couleur apparaîtra des deux côtés.

Les ailes ont 15 centimètres de hauteur et 15 centimètres d'envergure. Le corps, 8 centimètres de hauteur.

Coupe deux bouts de ficelle de 3 centimètres de longueur pour fabriquer les antennes.

2 Découpe avec soin les ailes (en les laissant réunies au milieu) et le corps. Colle ensuite le corps sur les ailes et les antennes sur la tête.

Maintiens le corps en place et laisse sécher.

3 Pose un bout de ficelle (d'environ 50 centimètres) sur les ailes sans le fixer, puis place deux pailles par-dessus la ficelle et colle-les avec du ruban adhésif pour qu'elles forment un X.

4 Enroule la ficelle autour des pailles et fais un nœud.

Papillon vole

Maintenant, ton cerf-volant est prêt à voler. Tu n'as qu'à tenir la ficelle et courir – le papillon volettera derrière toi !

Nervures

Les nervures des ailes ont des dessins différents selon qu'il s'agit de papillons diurnes ou nocturnes. Cela aide à les identifier. Les nervures raidissent les ailes et leur donnent la bonne forme pour le vol.

Le motif des nervures est différent chez les papillons diurnes et nocturnes.

Les papillons de nuit ont de grandes ailes antérieures qui leur permettent de planer.

Voleter et planer

Papillons diurnes et nocturnes ont différentes façons de voler. Cela dépend de la forme de leurs ailes. Si elles sont longues et fines, leur vol sera rapide et direct. Si elles sont larges, ils voletteront. Certains papillons planent dans les courants d'air : un seul battement d'ailes suffit à les maintenir en l'air. Un papillon effrayé peut fuir très rapidement : il fait jusqu'à 600 battements d'ailes à la minute et atteint 48 kilomètres à l'heure !

Atterrissage
Ses ailes largement déployées comme un parachute, ce papillon descend doucement avant d'atterrir sur ses pattes.

La femelle bat des ailes rapidement, cherchant à éviter le mâle qui est en dessous.

En relevant ses ailes, le mâle repousse l'air derrière lui, ce qui le fait avancer.

La technique du looping
Si en marchant en forêt tu aperçois un papillon décrivant des boucles autour d'un autre, tu es peut-être tombé sur deux tabacs d'Espagne. Le mâle vole sous la femelle pour qu'elle capte son odeur. C'est cette odeur qui persuadera peut-être la femelle de s'accoupler.

Record du monde

Les ailes d'un avion supersonique
ressemblent exactement à celles
de ce papillon de nuit. Elles sont
longues, fines et dirigées vers l'arrière.
Ce sphinx tête-de-mort est l'un
des plus rapides du monde.

*Le battement d'ailes
suivant propulse le mâle
vers le bas, sous la femelle.
Il recommence ce mouvement
plusieurs fois.*

*Quand les ailes
s'abaissent, le
papillon s'élève.*

*Les papillons ne se blessent pas
gravement durant le combat
et le premier arrivé reprend
sa place au soleil.*

*Au bout de quelques instants,
l'intrus abandonne le combat
et va chercher ailleurs
un autre rayon
de soleil.*

Combat pour la lumière

Le tircis aime se réchauffer
dans un rayon de soleil.
Si un autre papillon essaie de
lui voler sa place, ils se mettent
à voler l'un autour de l'autre,
se heurtant à plusieurs reprises.
Le combat ne dure pas très
longtemps et le premier arrivé
gagne généralement le combat.

Les yeux et la vue

Les papillons n'ont pas deux yeux, ils en ont des milliers !
Chaque œil, dit composé, est constitué d'innombrables yeux
minuscules. Chacun d'eux ne voyant que ce qui
est juste devant lui, l'insecte voit des
milliers d'images de chaque
objet.

Les yeux guettent le danger.

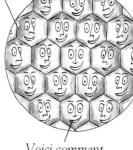

Voici comment un insecte te voit avec une petite partie de son œil.

Yeux minuscules

Les petits yeux sont
des ommatidies.
Chacune forme
une petite image.
Le cerveau de
l'insecte rassemble
ensuite ces images.

Yeux immenses

Ses énormes yeux composés
permettent au papillon de
voir tout autour de lui. Essaie
d'approcher lentement,
et tu seras surpris qu'il te
repère aussi vite et s'envole.

Chaque ommatidie a une surface claire qui laisse entrer la lumière.

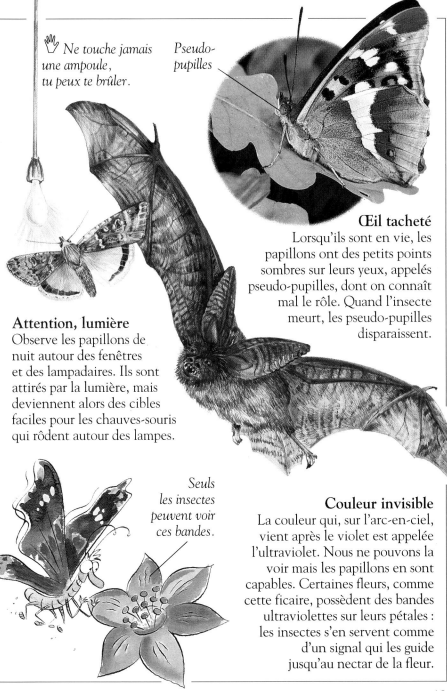

🤚 *Ne touche jamais une ampoule, tu peux te brûler.*

Pseudo-pupilles

Œil tacheté
Lorsqu'ils sont en vie, les papillons ont des petits points sombres sur leurs yeux, appelés pseudo-pupilles, dont on connaît mal le rôle. Quand l'insecte meurt, les pseudo-pupilles disparaissent.

Attention, lumière
Observe les papillons de nuit autour des fenêtres et des lampadaires. Ils sont attirés par la lumière, mais deviennent alors des cibles faciles pour les chauves-souris qui rôdent autour des lampes.

Seuls les insectes peuvent voir ces bandes.

Couleur invisible
La couleur qui, sur l'arc-en-ciel, vient après le violet est appelée l'ultraviolet. Nous ne pouvons la voir mais les papillons en sont capables. Certaines fleurs, comme cette ficaire, possèdent des bandes ultraviolettes sur leurs pétales : les insectes s'en servent comme d'un signal qui les guide jusqu'au nectar de la fleur.

Sentir et goûter

Ils n'ont pas un nez comme le nôtre, mais tous les papillons ont un odorat extraordinaire. Ils se servent de leurs antennes pour détecter des odeurs situées parfois à plus de 3 kilomètres ! La plupart ont aussi une trompe très longue, un proboscis, dont ils se servent pour boire du nectar et d'autres liquides. Observe-les quand ils se nourrissent sur une fleur.

Détecteurs d'odeurs
Les papillons utilisent leurs antennes pour repérer les fleurs et trouver des compagnons. Chacune possède des milliers de cavités captant les odeurs.

Un papillon garde son proboscis enroulé comme un ressort jusqu'à ce qu'il soit prêt à se nourrir.

Longue paille
La trompe d'un papillon est semblable à une paille. Mais il doit la dérouler pour atteindre le liquide sucré caché au fond de la fleur.

Les antennes sont divisées en segments.

Curieuses boissons

Les papillons boivent dans toutes sortes d'endroits. Tu en remarqueras peut-être dans une flaque, sur des crottes ou dans la boue. Celui-ci boit la sève sucrée qui suinte d'une bûche.

Pour les attirer

L'odeur du sucre attire les papillons de nuit. Tu peux le vérifier toi-même en répandant du sirop sur un tronc d'arbre ou sur une clôture. Prends de la mélasse ou un peu de miel allongé d'eau pour faire un mélange épais et collant.

Extra-longue

La langue de ce sphinx de Darwin est incroyablement longue, plus longue que le corps lui-même. Mais elle s'ajuste parfaitement à la fleur dont elle aspire le nectar.

1 Un soir, avec un pinceau, enduis un tronc d'arbre avec ton mélange.

2 Vérifie de temps en temps que les papillons sont bien là. Fourmis et coléoptères viendront aussi se nourrir.

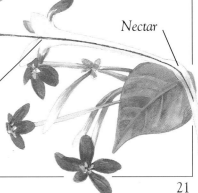

Nectar

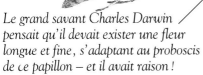

Le grand savant Charles Darwin pensait qu'il devait exister une fleur longue et fine, s'adaptant au proboscis de ce papillon – et il avait raison !

Coup d'œil sur les pattes

Comme tous les insectes, les papillons ont trois paires de pattes attachées au thorax. Pour faciliter les mouvements, chaque patte est divisée en quatre segments articulés. Les papillons se servent de leurs pattes pour marcher, atterrir sur des fleurs et goûter les plantes.

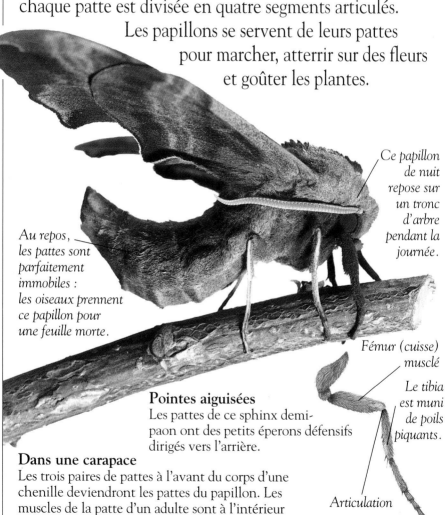

Ce papillon de nuit repose sur un tronc d'arbre pendant la journée.

Au repos, les pattes sont parfaitement immobiles : les oiseaux prennent ce papillon pour une feuille morte.

Fémur (cuisse) musclé

Le tibia est muni de poils piquants.

Articulation

Pointes aiguisées
Les pattes de ce sphinx demi-paon ont des petits éperons défensifs dirigés vers l'arrière.

Dans une carapace
Les trois paires de pattes à l'avant du corps d'une chenille deviendront les pattes du papillon. Les muscles de la patte d'un adulte sont à l'intérieur d'une carapace, l'exosquelette. La patte se termine par une griffe qui permet de s'agripper à des brindilles.

Bon atterrissage

Les papillons de nuit utilisent leurs six pattes pour atterrir. Mais la moitié environ des papillons de jour atterrissent sur quatre pattes seulement. La dernière paire, atrophiée, est repliée sous la tête de l'insecte.

Les pattes de devant ressemblent à des petites brosses.

Ses quatre pattes sont dépliées pour l'atterrissage.

La toilette

Les papillons de nuit doivent garder leurs antennes propres afin de pouvoir détecter les odeurs. Celui-ci se sert de ses pattes pour les nettoyer. Chaque antenne possède de très nombreux petits casiers où s'entasse du pollen lorsque le papillon se nourrit sur une fleur. Les pointes et les poils rigides des pattes agissent comme un peigne pour retirer le pollen.

Ce nègre à bandes fauves possède six pattes, mais quatre seulement sont utilisées pour l'atterrissage.

Test de goût

Beaucoup de papillons ont des cellules spéciales au bout de leurs pattes, dont ils se servent pour goûter les feuilles. Ils n'ont besoin que de quelques secondes de contact pour identifier la plante. Si la feuille est la bonne, ils y déposent leurs œufs.

L'accouplement

As-tu déjà remarqué deux papillons volant en cercle l'un autour de l'autre ? Cette façon de voler leur permet de se flairer l'un l'autre. En sentant des odeurs particulières appelées phéromones, ils peuvent identifier un partenaire de leur espèce. Si l'odeur est la bonne, le couple se forme. Le prélude à l'accouplement est la parade nuptiale.

Dans les pays chauds, ce bain de boue est un spectacle courant.

Les phéromones sont généralement localisées sur les ailes.

Bain de boue
Les papillons mâles s'assemblent au bord des rivières pour y boire de l'eau riche en sels minéraux. Ces sels leur permettent de fabriquer les phéromones.

Certains mâles ont de grandes antennes plumeuses qui peuvent détecter une femelle à 5 kilomètres de distance.

Je suis là !
Les papillons de nuit mâles libèrent des phéromones en faisant sortir de leur corps des faisceaux de poils. Les femelles détectent vite ces odeurs.

24

Le mâle a une paire d'agrafes qui emprisonne l'arrière-train de la femelle.

Union

Ces papillons sont accouplés. Ils resteront ainsi, à l'abri du danger dans un buisson, environ une heure. Ensuite, le mâle s'envole et la femelle pond ses œufs.

Les ailes de la femelle ont des couleurs et des motifs spéciaux qui attirent les mâles.

Danse aérienne

Par un chaud jour d'été, les papillons dansent et volettent l'un autour de l'autre. Une parade nuptiale peut durer plus d'une heure.

Tout sur les œufs

Les œufs de papillons sont d'une grande diversité de formes et de tailles. La femelle les pond sur (ou près de) la plante appropriée qui sera une bonne nourriture pour les chenilles. On appelle cette plante la plante-hôte.

Le cycle de la vie
Durant leur vie, les papillons passent par quatre stades. Les œufs deviennent des chenilles, qui se transforment en chrysalides d'où sortiront des papillons adultes. C'est la métamorphose.

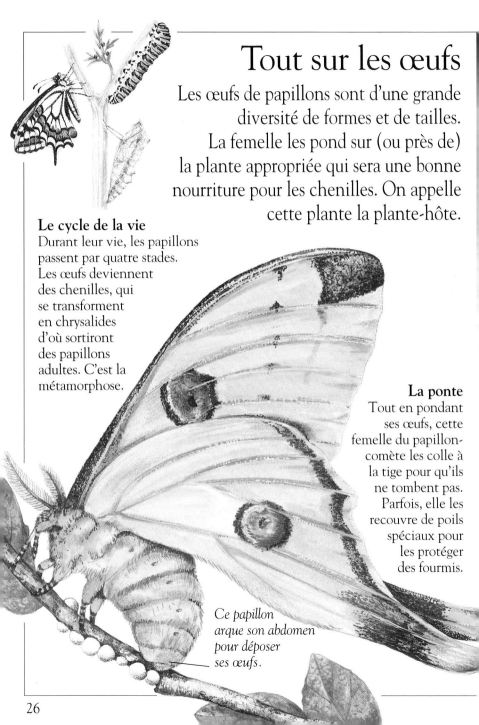

La ponte
Tout en pondant ses œufs, cette femelle du papillon-comète les colle à la tige pour qu'ils ne tombent pas. Parfois, elle les recouvre de poils spéciaux pour les protéger des fourmis.

Ce papillon arque son abdomen pour déposer ses œufs.

Œuf végétal

Ce sphinx africain dissimule ses œufs en les collant en cercle autour d'une tige ou d'une brindille. Les prédateurs croient qu'il s'agit d'une partie de la plante.

De ce petit amas d'œufs sortiront de minuscules chenilles qui mangeront la feuille.

Trouver des œufs

Recherche des grappes d'œufs sur les tiges, les rameaux et les bourgeons. Ils sont souvent sur l'envers de la feuille et leur couleur peut se confondre avec la sienne.

Cette femelle de demi-deuil vole très bas au-dessus de l'herbe pour que ses œufs atteignent leur cible. Les œufs sortent de son abdomen.

L'œuf du vulcain

Certains papillons pondent plus de 1 000 œufs en même temps. Mais le vulcain, lui, pond ses œufs un par un sur des feuilles d'ortie. Tu peux les identifier grâce à leurs sept petites crêtes.

Œufs en chute libre

De rares espèces laissent tomber leurs œufs sur l'herbe en vol. Ils durcissent là où ils tombent, et les chenilles qui en sortent se nourrissent d'herbe.

De l'œuf à la chenille

La naissance est un moment très
dangereux dans la vie d'une chenille.
Elle a seulement quelques minutes
pour sortir de l'œuf et se cacher
de ses prédateurs affamés. Une fois
en sécurité, elle mange jour et nuit.
Si elle a de la chance, elle deviendra
papillon au bout d'un mois.

Des œufs piquants
Recherche les
vulcains près des
touffes d'orties. Ils
pondent leurs œufs
un par un sur les
feuilles.

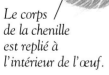

*Le corps
de la chenille
est replié à
l'intérieur de l'œuf.*

Prêt à partir
Au début, l'œuf vert pâle est plein
d'un liquide un peu semblable à une
soupe. Une minuscule chenille grandit
dans ce liquide. Après sept jours
environ, l'œuf devient très foncé :
il est tout près d'éclore.

*Sa surface nervurée
permet à l'œuf
de garder
sa forme.*

Éclosion
La minuscule chenille
a déjà de solides mâchoires.
Elle mâchonne un cercle
autour du sommet de l'œuf
puis se repose un peu. Tu peux
voir sa tête velue pointer.

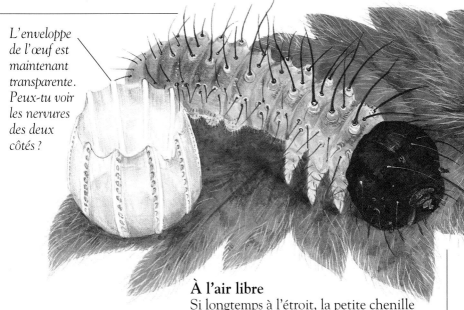

L'enveloppe de l'œuf est maintenant transparente. Peux-tu voir les nervures des deux côtés ?

La feuille contient les sels minéraux dont la chenille a besoin pour grandir et devenir, peut-être, un papillon.

À l'air libre

Si longtemps à l'étroit, la petite chenille se propulse elle-même hors de l'œuf, comme un diable à ressort. Elle s'étire pour la première fois en plein air.

Écran vert

Dès qu'elle est éclose, la chenille réunit les bords de la feuille avec des fils de soie. Cet abri la dissimule à ses prédateurs. Blottie derrière cet écran vert, la gloutonne mange son premier festin d'ortie.

Chenille campeuse

Recherche des petites tentes de feuilles et tu trouveras peut-être une chenille de vulcain à l'intérieur. Elle y passe toute sa vie, bien cachée. Durant ce temps, elle change quatre fois de peau pour grandir.

Ingénieuse chenille

Les oiseaux, les lézards et bien des mammifères adorent les chenilles. C'est pourquoi elles ont inventé quantité de moyens de défense. Certaines se déguisent en serpents, ou exhibent des yeux redoutables. D'autres pulvérisent un jet nauséabond à la figure de leurs prédateurs.

Petit serpent ?
La chenille gonfle son corps et exhibe ses faux yeux pour faire croire aux oiseaux qu'elle est un serpent.

Garde à vous
Quand elles sont dérangées, ces chenilles battent l'air de tout leur corps. Si elles font cela toutes ensemble, les oiseaux et les lézards sont décontenancés.

Chenille à cornes
Si tu penses que seuls de grands animaux ont des cornes, regarde bien : les longs poils acérés de cette chenille du zèbre découragent les prédateurs.

Des yeux sur les deux côtés de la tête permettent à la chenille de cheminer jour et nuit.

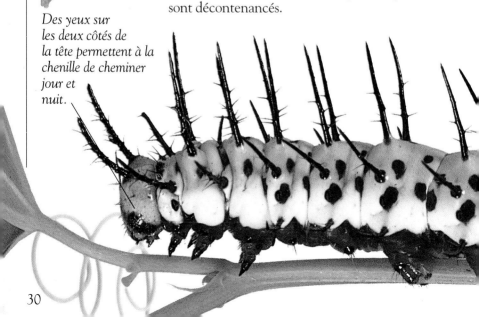

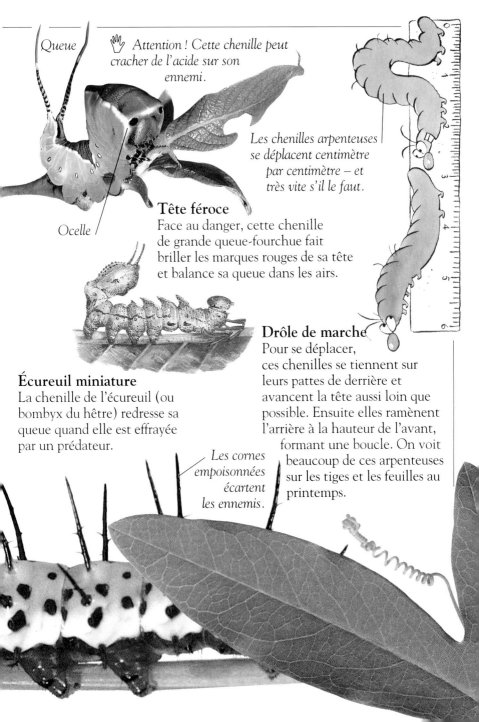

Queue

✋ Attention ! Cette chenille peut cracher de l'acide sur son ennemi.

Les chenilles arpenteuses se déplacent centimètre par centimètre – et très vite s'il le faut.

Ocelle

Tête féroce

Face au danger, cette chenille de grande queue-fourchue fait briller les marques rouges de sa tête et balance sa queue dans les airs.

Drôle de marche

Pour se déplacer, ces chenilles se tiennent sur leurs pattes de derrière et avancent la tête aussi loin que possible. Ensuite elles ramènent l'arrière à la hauteur de l'avant, formant une boucle. On voit beaucoup de ces arpenteuses sur les tiges et les feuilles au printemps.

Écureuil miniature

La chenille de l'écureuil (ou bombyx du hêtre) redresse sa queue quand elle est effrayée par un prédateur.

Les cornes empoisonnées écartent les ennemis.

Invisibles !

Les chenilles peuvent se rendre
invisibles en se déguisant. En imitant
la couleur de leur nourriture, en se
faisant passer pour des tiges de
plantes ou des crottes d'oiseau,
certaines parviennent à passer
inaperçues de leurs ennemis. C'est
ce qu'on appelle le camouflage.

Ligne brisée

Remarque comme les lignes sur le corps de
cette chenille fragmentent sa silhouette.
Se confondre avec les feuilles permet
à un insecte de manger
en paix.

*Cherche des
chenilles de
sphinx qui se
nourrissent
en été sur
les feuilles.*

Chenille ou non ?

Cette chenille de porte-
queue ressemble à
une crotte d'oiseau.
Imagine que tu sois
un oiseau affamé :
ce repas te tenterait-il ?

Une brindille?

Les chenilles de
la phalène du bouleau
ressemblent à des
brindilles. Elles en ont
la couleur et n'ont pas
de pattes au milieu du corps.

Grandes et petites

Les grandes chenilles de la piéride
du chou n'ont pas à se cacher car
leurs ennemis les savent toxiques.
Les petites, savoureuses, doivent
se camoufler pour rester en vie.

*Au début, la petite
chenille se nourrit,
invisible, au milieu
du chou.*

Mélanges harmonieux

Les chenilles ne naissent
pas vertes, elles le deviennent.
Elles mélangent le jaune
des feuilles avec le bleu
des substances qui les
aident à digérer.

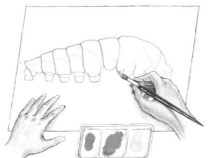

*Dessine les contours d'une chenille,
puis colorie en jaune. Ajoute ensuite
du bleu : de quelle couleur
est ta chenille ?*

Bien à l'abri

Empaquetées
dans la tige
de la feuille de
bananier qui les
nourrit, ces chenilles
de caligo sont invisibles
et protégées des prédateurs.

*Les chenilles
s'alignent dans
le sens de la longueur pour
se confondre avec la tige.*

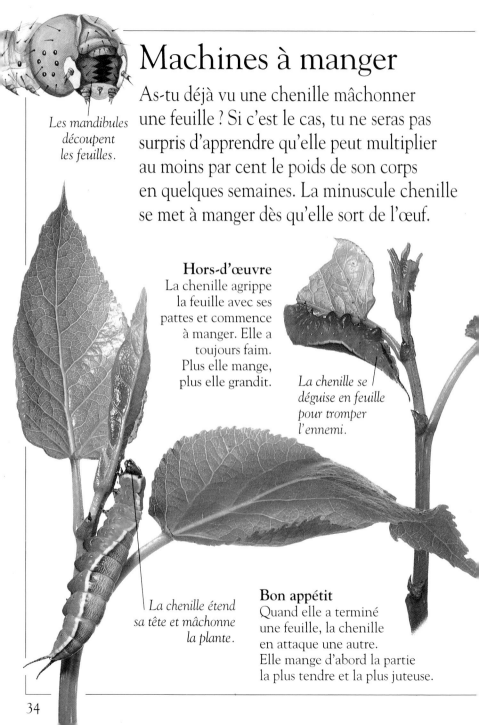

Machines à manger

As-tu déjà vu une chenille mâchonner une feuille ? Si c'est le cas, tu ne seras pas surpris d'apprendre qu'elle peut multiplier au moins par cent le poids de son corps en quelques semaines. La minuscule chenille se met à manger dès qu'elle sort de l'œuf.

Les mandibules découpent les feuilles.

Hors-d'œuvre
La chenille agrippe la feuille avec ses pattes et commence à manger. Elle a toujours faim. Plus elle mange, plus elle grandit.

La chenille se déguise en feuille pour tromper l'ennemi.

La chenille étend sa tête et mâchonne la plante.

Bon appétit
Quand elle a terminé une feuille, la chenille en attaque une autre. Elle mange d'abord la partie la plus tendre et la plus juteuse.

Tout est fini
Maintenant, la chenille
a presque terminé
sa troisième feuille.
Elle ira sur une autre
pousse s'il n'y a plus
assez de feuilles
sur celle-ci.

Tout y passe
Les chenilles se nourrissent
de tout. Certaines mangent
du bois, d'autres du coton,
d'autres encore de la
poussière. Certaines
vont jusqu'à grignoter
des plumes !

Restaurant pour chenilles
Tu peux étudier l'alimentation des chenilles dans leur milieu
naturel en « emballant » une branche de leur plante-hôte.
Il te faudra un morceau de mousseline ou de tulle, une aiguille,
du fil et une paire de ciseaux.

*Demande à un adulte
de découper la mousseline.*

1 Couds les bords
les plus longs d'un
rectangle de
mousseline pour
faire un tube.

2 Trouve une branche
sur laquelle des chenilles
se nourrissent, glisse
doucement le tube autour
d'elle puis referme-le.

3 Regarde ce qu'elles
mangent et comment elles
grandissent. Remets-les
sur une autre branche
de la même plante
lorsqu'elles ont fini.

Changer de peau

La vie des papillons comporte quatre stades. Le troisième est celui de la chrysalide : c'est le moment où la chenille devient adulte. En grandissant, elle a d'abord changé de peau quatre ou cinq fois. Puis elle rejette sa peau une dernière fois et se change en une chrysalide d'où un papillon adulte sortira.

Soie résistante
Suspendue à un fil, une fragile chrysalide peut sembler un repas facile pour un animal affamé. Mais pour la protéger, les papillons de nuit tissent un cocon (une enveloppe de soie) très résistant.

Comme une feuille
Cela ressemble à une vieille feuille fanée, mais c'est une chrysalide de robert-le-diable suspendue à une brindille. De petites taches argentées et brillantes font croire qu'il n'y a rien à l'intérieur.

La chrysalide ne bouge pas, mais beaucoup de changements ont lieu à l'intérieur.

🖐 *Fais attention : une chrysalide est fragile.*

Où en trouver
Tu peux voir des chrysalides sur les feuilles, les brindilles ou les écorces. Mais tu peux également en trouver par terre. Les chenilles descendent des arbres, se faufilent dans le sol et creusent un petit espace où elles se changeront en chrysalides.

Le fil de soie, ou ceinture, entoure le corps de la chenille.

La chenille se contracte et se raidit à mesure que la chrysalide se forme sous sa peau.

Dès que la peau de la chrysalide est au contact de l'air, elle durcit.

Peau fendue
Quand la chenille d'un machaon a trouvé la bonne place pour se changer en chrysalide, elle s'y maintient avec ses pattes de derrière et tisse un fil de soie. Cette solide ceinture la supportera pendant quelques heures, le temps que se fende sa dernière peau.

Dépouille vide

Les pattes de derrière s'agrippent à la tige.

Nouvelle peau
La chenille doit se tortiller pour faire glisser sa vieille peau. Au fur et à mesure que celle de la chrysalide se forme, la peau de la chenille se détache.

Peux-tu voir les ailes ? Elles se développent à l'intérieur de la chrysalide.

La forme finale
La chrysalide du machaon peut être soit verte soit marron pour s'harmoniser avec son environnement. Celle-ci ressemble à une feuille verte pendant à une tige. Tourne la page pour voir un papillon éclore de sa chrysalide.

L'insecte parfait

L'étape finale de la métamorphose d'un papillon est passionnante. L'insecte qui sort de la chrysalide est complètement différent de la chenille qui l'a fabriquée ! Quelque chose de totalement nouveau apparaît. Surveille les chrysalides prêtes à éclore, tu ne seras pas déçu du spectacle.

Le temps d'éclore
Recherche une chrysalide un peu fendue et observe-la bien. D'abord, les antennes et les pattes vont apparaître dans la fente, puis tout le corps suivra.

Fente dans la chrysalide

Les motifs des ailes sont parfois visibles à travers la chrysalide sur le point d'éclore.

Antenne

Mou et flasque
Dès qu'il est sorti, le fragile papillon, encore humide, rampe sur la chrysalide vide et s'y laisse pendre pour se sécher.

Les ailes sont chiffonnées et humides.

Coups de pompe

Le papillon pompe le sang de son corps vers les nervures de ses ailes encore molles. Cela leur permet de se déplier.

Prêt à décoller

En à peu près 30 minutes, les ailes atteignent leur pleine dimension, mais elles doivent encore se raidir. Une heure plus tard, l'insecte est prêt à prendre son envol. Les papillons ne mangent pas de feuilles, ils préfèrent le nectar de leurs fleurs favorites.

Quand les ailes ont pris leur forme, le sylvain azuré les ouvre et les ferme jusqu'à ce qu'elles soient tout à fait sèches.

Pluie rouge

Lorsque le papillon se sèche, son corps expulse des déchets liquides. Chez certaines espèces, par exemple la belle-dame, ce liquide est rouge. Si plusieurs papillons sortent de leur chrysalide au même moment, on dirait qu'il pleut du sang sur le sol.

Cocons de soie

Une fois éclos, le bombyx du mûrier ne vit que quelques semaines. Il s'accouple et la femelle pond ses œufs sur son cocon.

Comme les papillons diurnes, la plupart des nocturnes passent le troisième stade de leur métamorphose sous forme de chrysalides, et beaucoup d'entre eux tissent un cocon pour se protéger durant cette période. Le ver à soie – qui n'est pas un ver mais une chenille de bombyx – tisse son cocon d'un fil de soie très fin que nous utilisons pour faire de précieux vêtements.

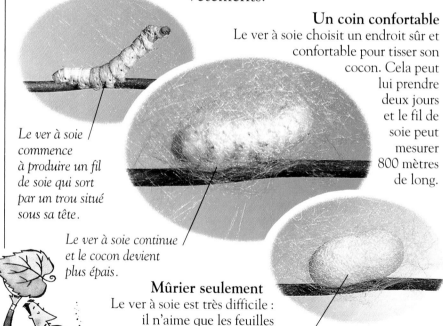

Un coin confortable

Le ver à soie choisit un endroit sûr et confortable pour tisser son cocon. Cela peut lui prendre deux jours et le fil de soie peut mesurer 800 mètres de long.

Le ver à soie commence à produire un fil de soie qui sort par un trou situé sous sa tête.

Le ver à soie continue et le cocon devient plus épais.

Mûrier seulement

Le ver à soie est très difficile : il n'aime que les feuilles de mûrier et préfère se laisser mourir de faim que de manger autre chose !

Le cocon est maintenant assez solide pour protéger le ver à soie pendant qu'il se transforme en chrysalide.

40

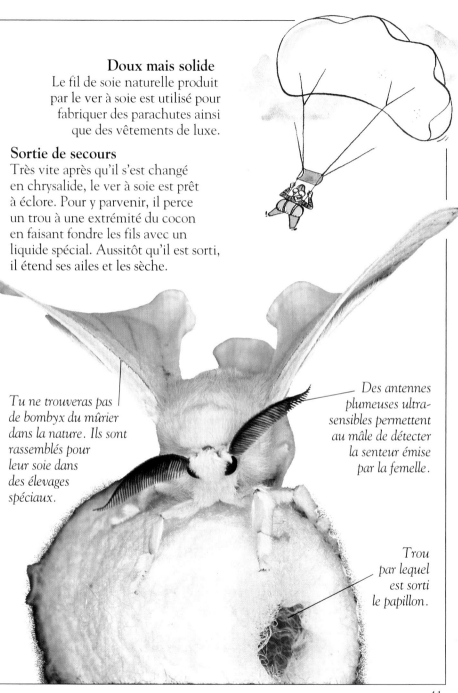

Doux mais solide

Le fil de soie naturelle produit par le ver à soie est utilisé pour fabriquer des parachutes ainsi que des vêtements de luxe.

Sortie de secours

Très vite après qu'il s'est changé en chrysalide, le ver à soie est prêt à éclore. Pour y parvenir, il perce un trou à une extrémité du cocon en faisant fondre les fils avec un liquide spécial. Aussitôt qu'il est sorti, il étend ses ailes et les sèche.

Tu ne trouveras pas de bombyx du mûrier dans la nature. Ils sont rassemblés pour leur soie dans des élevages spéciaux.

Des antennes plumeuses ultra-sensibles permettent au mâle de détecter la senteur émise par la femelle.

Trou par lequel est sorti le papillon.

Laisse-moi tranquille !

Les papillons savent très bien s'y prendre pour faire savoir à leurs ennemis qu'ils ne veulent pas être mangés. Des démonstrations agressives effraient souvent les oiseaux, les araignées ou les reptiles. Les couleurs et les motifs de nombreux papillons avertissent les prédateurs qu'ils feraient un très mauvais repas.

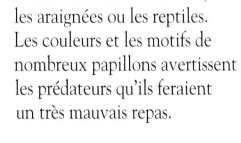

J'ai l'œil sur toi
Ce caligo ou papillon-hibou effraie ses ennemis en exhibant un « œil » sur ses ailes. Il ressemble ainsi davantage à un hibou qu'à un insecte.

Vois-tu le faux « œil » ?

Au repos sur une feuille, ce grand papillon peut être pris pour un hibou.

Les gouttes jaunes signalent que le papillon est vénéneux.

Odeur de mort
Quand on la dérange, l'écaille tigrée fait semblant d'être morte. Si cela ne suffit pas, elle produit quelques gouttes d'un liquide jaune répugnant.

Faites la différence !

Certains papillons sans défense imitent ceux qui sont toxiques. Les motifs et les couleurs du monarque avertissent les oiseaux qu'il est vénéneux. Le vice-roi copie ses motifs pour tromper les oiseaux affamés. Bien peu se risqueront à vérifier si l'avertissement est vrai ou non.

Les taches blanches sur la tête et le thorax de ce monarque avertissent les prédateurs que ce papillon a un très mauvais goût.

Le vice-roi a une ligne noire sur ses ailes arrière. Vois-tu d'autres différences ?

Le poison de la plante

La chenille du monarque emmagasine dans son corps le poison de sa plante nourricière, l'asclépiade mortelle. Ce poison passe dans le papillon pendant la métamorphose.

La chenille n'est pas sensible aux poisons de sa plante-hôte.

Pris sur le vif

Parfois, les faux yeux ne suffisent pas à protéger les papillons de leurs prédateurs. Ce papillon était trop occupé à boire du nectar pour remarquer l'araignée qui grimpait vers lui.

Ocelle

À cache-cache

Les papillons n'ont pas tous des couleurs vives pour avertir leurs ennemis qu'ils sont toxiques. En fait, la plupart des nocturnes et quelques diurnes sont assez ternes. Mais ils ont trouvé un autre moyen de se protéger. Comme les chenilles, ils utilisent le camouflage pour se cacher des oiseaux et des reptiles. Ils se confondent avec les formes et les couleurs des arbres, des rochers ou des feuilles.

Les motifs des ailes de ce papillon de nuit lui permettent de se confondre avec le tronc de l'arbre.

Papillon-écorce
Les oiseaux auraient bien du mal à découvrir ce géométridé des forêts tropicales de Bornéo. Sur ce tronc, il est en sécurité tant qu'il reste immobile.

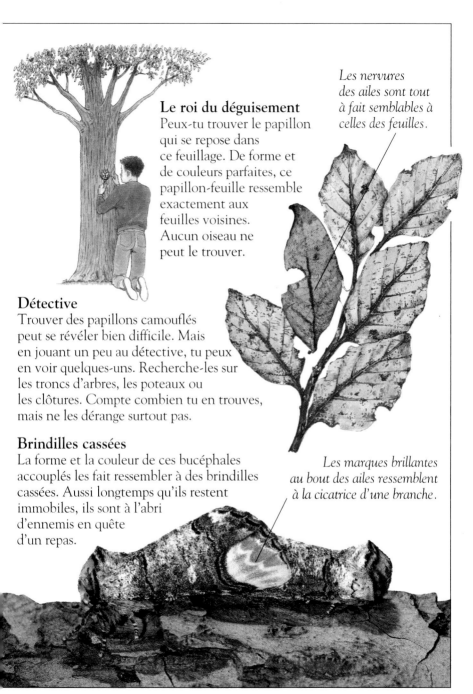

Le roi du déguisement
Peux-tu trouver le papillon
qui se repose dans
ce feuillage. De forme et
de couleurs parfaites, ce
papillon-feuille ressemble
exactement aux
feuilles voisines.
Aucun oiseau ne
peut le trouver.

*Les nervures
des ailes sont tout
à fait semblables à
celles des feuilles.*

Détective
Trouver des papillons camouflés
peut se révéler bien difficile. Mais
en jouant un peu au détective, tu peux
en voir quelques-uns. Recherche-les sur
les troncs d'arbres, les poteaux ou
les clôtures. Compte combien tu en trouves,
mais ne les dérange surtout pas.

Brindilles cassées
La forme et la couleur de ces bucéphales
accouplés les fait ressembler à des brindilles
cassées. Aussi longtemps qu'ils restent
immobiles, ils sont à l'abri
d'ennemis en quête
d'un repas.

*Les marques brillantes
au bout des ailes ressemblent
à la cicatrice d'une branche.*

45

Loin du mauvais temps

Quand il fait froid, tu as envie de
rester au lit ou de partir pour
un pays chaud. Comme toi,
les papillons cherchent à fuir le
froid. Certains hibernent : ils trouvent
un coin abrité et y passent l'hiver à
dormir. D'autres forment d'immenses
rassemblements et volent
vers des endroits plus chauds.
Cela s'appelle une migration.

Amérique du Nord

Mexique

*Les routes
du monarque
sont indiquées
par des flèches.*

*Amérique
du Sud*

*Ses grandes ailes
permettent au
monarque
de voler
sur de longues
distances.*

*Le monarque
s'arrête sur des fleurs
pour se ravitailler en
nectar.*

Vers le soleil
Les monarques migrent
plus que n'importe quel autre
papillon. Par milliers, ils volent
vers le sud pour passer l'hiver
dans les forêts montagneuses
du Mexique et de la
Californie du Sud. Ils
remontent vers le
nord au printemps.

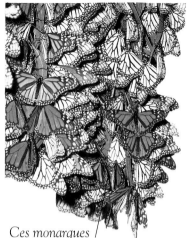

Des monarques par millions

Les monarques migrateurs se reposent ensemble sur les pins, en haute altitude. Parfois, ils restent recouverts de neige pendant plusieurs jours : une substance chimique dans le sang des papillons les empêche de geler.

Ces monarques vont couvrir cet arbre pendant des mois.

La belle-dame survole les hauts sommets des Alpes.

Grêle de papillons

Si tu vivais en Australie, tu pourrais observer la migration des bogongs. Quand ils se reposent, ils peuvent couvrir les murs d'une maison. Ils passent les mois chauds de l'été dans des grottes des montagnes australiennes.

Champion !

La belle-dame est l'un des plus robustes papillons du monde. Elle peut parcourir plus de 1 000 kilomètres.

Pour l'hibernation, camouflage gris et noir sur la face interne de l'aile.

Ne dérange pas un papillon qui hiberne. Il en mourrait !

Suspendus

Quand ils hibernent, les paons-de-jour se suspendent la tête en bas. Recherche-les dans les remises de jardins, les trous d'arbres ou à l'intérieur des maisons. Ils ne mangent rien pendant six mois, jusqu'au printemps.

Au jardin

Les jardins attirent les papillons diurnes et nocturnes. En été, tu y verras des chenilles s'attaquer aux feuilles, des nocturnes se cacher dans l'écorce des arbres et des diurnes prendre des bains de soleil sur les fleurs. En hiver, quelques-uns se cachent à l'intérieur mais, s'il ne fait pas froid, ils sortent parfois faire un tour.

En haillons
Le robert-le-diable est un maître en déguisement. Ses ailes en lambeaux le font ressembler à une vieille feuille.

Cette feuille d'aubépine convient parfaitement à ce papillon.

Visiteur fidèle
La citronnelle rouillée est familière des jardins. Durant le jour elle se cache, et sort parfois pour trouver un autre endroit où se reposer. Le soir, tu la verras voler autour des lumières des maisons.

Comment les attirer

En choisissant des plantes que les chenilles aiment manger, tu peux attirer des papillons dans ton jardin. Plante par exemple des orties au pied d'un mur, beaucoup d'espèces viendront.

✋ *Mets des gants pour planter des orties. Elles piquent !*

La virgule

Si ton jardin possède beaucoup de fleurs aux couleurs vives, tu y verras sans doute voleter des virgules. Regarde sur les ailes des mâles le trait en forme de virgule.

De vrais ogres

Les chenilles du sphinx de la vigne mangent beaucoup. Elles se nourrissent surtout la nuit, mais il leur arrive de manger le jour certaines plantes de jardin, comme le fuchsia. Si on les dérange, elles gonflent l'avant de leur corps comme un ballon.

Squelette d'ortie

Le paon-de-jour, le vulcain et la virgule pondent tous leurs œufs sur des feuilles d'orties. Les chenilles sont si voraces qu'elles réduisent la plante à l'état de squelette.

Au repos, les antennes sont dirigées vers l'avant et les ailes vers l'arrière.

Le paon-de-jour dévoile ses faux yeux quand il s'envole.

Vulcain se reposant au soleil.

Dans les bois

C'est l'un des meilleurs endroits pour observer des papillons. Tu les verras sur les fleurs dans les clairières ensoleillées, sur les rameaux et les branches, ou dans la litière des feuilles sur le sol. Observe aussi les chenilles qui se nourrissent de feuilles et de plantes ; certaines d'entre elles, très voraces, causent de gros dégâts en dépouillant les arbres de leur feuillage.

Ses ailes tachetées d'orange largement ouvertes, le tabac d'Espagne prend un bain de soleil.

Au sommet
Durant les chauds jours d'été, observe près des chênes les theclas du chêne et les tabacs d'Espagne. Ils restent à la cime des arbres s'il fait beau, mais on les voit aussi sur des feuilles, au bord des sentiers et des clairières, lorsque le temps est chaud.

Les ailes du thecla du chêne changent de couleur au soleil.

Vive le soleil !
Comme la plupart des papillons, le damier Athalie adore le soleil. Il ne bouge presque pas quand il fait mauvais mais vient prendre des bains de soleil dans les clairières dès qu'il fait beau. Il pond ses œufs sur du plantain.

Cherche le plus long fil de soie lors d'une promenade dans les bois.

Avec sa couleur terne, le processionnaire du pin se confond bien avec l'écorce des pins.

Fil de secours

La chenille de la tordeuse du chêne vit dans une feuille enroulée sur elle-même. Si des fourmis l'effraient elle se jette hors de la feuille et se balance à un fil de soie qu'elle a fabriqué. Quand le champ est libre, elle se hisse le long du fil jusqu'à la feuille, tel un montagnard grimpant à une corde.

Les chenilles processionnaires ravagent des forêts de pins en dépouillant les arbres de leurs aiguilles.

Suivez le guide

Les chenilles processionnaires avancent en file indienne à la recherche de nourriture. La chenille de tête fabrique un fil de soie que les autres suivent. Après avoir mangé, elles se remettent en rang et suivent le fil pour retourner à leur nid.

À l'orée des bois

L'hypolimnas se rencontre dans de nombreux pays, y compris en Australie et en Amérique du Nord. Elle ne vit qu'à l'orée des bois ou dans les clairières et visite souvent des fleurs sauvages ou cultivées, comme celles du lantanier ou des zinnias.

À la montagne

Si tu te promènes dans une prairie de montagne en été, tu trouveras quantité de papillons. Mais le temps en altitude change vite. Des nuages sombres ou des vents violents peuvent survenir en quelques minutes, et les insectes qui vivent là-haut doivent s'adapter à ces brusques changements.

En haut, en bas
La plupart des prédateurs n'osent pas s'attaquer au monarque vénéneux. C'est pourquoi tu en verras aussi bien en plaine qu'à haute altitude.

Ailes graissées
Le petit apollon possède une étrange particularité : ses ailes sont revêtues d'un corps gras qui lui permet d'affronter le grand froid et les chutes de neige.

Les taches noires captent la chaleur du soleil.

Des poils épais conservent à l'insecte sa chaleur.

On trouve le petit apollon sur les hautes montagnes d'Asie et d'Europe.

Trois longues queues ornent l'aile arrière.

Lorsque le vent souffle fort, le cuivré de la verge-d'or agrippe le rocher.

Une splendeur

L'armandie vit dans les montagnes de l'Inde et de la Thaïlande. Ses ailes sont munies de grandes queues qui attirent l'attention des prédateurs. L'armandie échappe ainsi aux oiseaux.

L'as de la survie

Rien de plus résistant qu'une zigène. Celle-ci vit dans les montagnes d'Asie, d'Amérique centrale et d'Europe. Son goût est si mauvais que les oiseaux la recrachent, ce qui permet à un grand nombre de papillons de se reproduire.

À tous vents

Beaucoup de papillons de montagne survivent au froid de l'hiver en se mettant au soleil pendant la journée. Pour résister aux vents violents, ils doivent s'agripper fermement.

Dans la forêt tropicale

C'est dans les forêts tropicales que l'on trouve les papillons les plus colorés. L'abondance des pluies et la diversité des plantes en font l'habitat idéal des insectes. Les meilleurs endroits pour les observer : le bord ensoleillé des rivières, les clairières et les fleurs.

Les ailes profilées de l'uranie brillent au soleil.

Les antennes, sans massues aux extrémités, montrent que c'est un papillon de nuit.

Diurne ou nocturne ?

Il ressemble à un papillon diurne et comme lui vole durant la journée. Pourtant c'est un papillon de nuit. Cette uranie vit dans la forêt amazonienne.

Pour trouver de l'eau, cette piéride néro plonge son proboscis dans le sable humide.

Chercheurs d'eau

Les papillons mâles doivent boire beaucoup d'eau riche en sels minéraux. Ces substances leur sont nécessaires pour fabriquer le parfum qui attirera les femelles.

Les subtils motifs de ses ailes aident ce papillon à se camoufler.

Ailes invisibles
Les papillons de verre sont difficiles à voir : leurs ailes transparentes les rendent presque invisibles. Ce déguisement est si efficace que d'autres papillons l'ont imité.

Chenille à deux têtes
La queue de la chenille à deux têtes, munie d'une corne, est ornée d'un drôle de visage qui trompe les oiseaux et les lézards : ils ne savent jamais par quel bout l'attaquer.

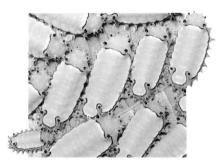

L'union fait la force
Beaucoup de chenilles des forêts tropicales vivent en groupes. Plus le groupe est nombreux, plus il est en sécurité. Ces chenilles de limacodidés ont des couleurs vives et sont couvertes de pointes vénéneuses : les prédateurs préfèrent garder leurs distances.

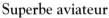

Superbe aviateur
Admire ce papillon vert malachite volant dans les clairières des forêts tropicales. Il adore séjourner sur les fleurs et boire leur nectar.

Dans les déserts

Dans un désert, tu ne verras guère voler de papillons au milieu de la journée. La plupart cherchent un abri pour fuir la chaleur du soleil. Le meilleur moment pour les observer est le matin ou le soir. On peut alors les voir voler autour des trous d'eau où poussent de l'herbe et des fleurs.

Une longue attente
Avant de sortir de sa chrysalide, le papillon attend que la pluie tombe. Dans un désert chaud et sec, cela peut durer plusieurs années.

Sa couleur gris-brun rend ce papillon invisible sur le sable du désert.

Boisson odorante
Pour survivre dans les plaines arides de l'Afrique, les papillons doivent trouver de l'eau tous les jours. Ce satyre africain boit même dans les crottes d'animaux !

Son proboscis court lui permet de percer des plantes coriaces.

Amateurs de yucca

La chenille de l'espérie du yucca coud ensemble des feuilles à l'aide de sa soie. Dans cette cachette, elle se nourrit à l'abri de ses prédateurs. Elle mange ensuite l'intérieur de la plante, creusant jusqu'aux racines.

Ces chenilles se nourrissent sur des feuilles de yucca.

Abri antichaleur

Volant au soleil du petit matin ou dans la fraîcheur du soir, cet azuré petit tigre échappe à la chaleur torride du désert. Dans la journée, il se repose sous une pierre, restant immobile pour ne pas s'épuiser.

Fantôme du désert

Au crépuscule, dans le désert australien, on peut voir l'hépiale géant voleter à la recherche d'eau et de nourriture. Ses couleurs lumineuses et ses longues ailes le font ressembler à une inquiétante créature de l'au-delà.

Les taches brillantes des ailes reflètent la lumière solaire et éloignent les ennemis.

57

Au pôle Nord

Il nous serait bien difficile de résister aux hivers glacés et aux vents violents de l'Arctique. Pourtant, quelques papillons parviennent à y vivre toute l'année. Ils ont des techniques de survie, par exemple un antigel dans leur sang et des couleurs sombres pour absorber plus vite la chaleur.

Vol d'été
Ce virescent ne vole que lorsque le soleil brille. Sitôt que des nuages arrivent, il se cache. Un liquide spécial empêche son sang de geler – tel l'antigel dans le radiateur d'une voiture.

Cocons antifroid
Quand la température descend en dessous de zéro, les chrysalides du virescent restent en sécurité dans leurs cocons de soie.

Les longs poils aident le corps à conserver sa chaleur.

Radiateur

Pour capter le pâle soleil de l'Arctique, le moiré velouté étend ses ailes au-dessus d'un rocher tiède et redresse son corps au maximum.

Ses couleurs sombres et la chaleur déjà emmagasinée par le rocher le réchauffent.

La fête de l'été

Pendant le court été arctique, les papillons se précipitent sur les fleurs. Ils ont besoin de leur nectar, mais ils doivent faire attention : beaucoup d'oiseaux et d'araignées affamés les guettent.

Les motifs tachetés du nacré lapon le dissimulent à ses ennemis.

Sieste arctique

La plupart des nocturnes passent la nuit à voleter de fleur en fleur, au ras du sol. Le jour, ils doivent se cacher. Celui-ci reste immobile sur un rocher, comptant sur son camouflage pour passer inaperçu.

Index

A

abdomen 10, 27
accouplement 24-25
armandie 53
azuré petit tigre 57

Sphinx demi-paon

B

belle-dame 39, 47
bogong d'Australie 47
bombyx du hêtre 31
bucéphale 45

C

caligo 33, 42
chenille
  arpenteuse 31
  de la grande
    queue-fourchue 31
  de la phalène du bouleau 33
  de la piéride de la rave 33
  de la piéride du chou 33
  de limacodidé 55
  de sphinx 32
  du zèbre 30
chrysalide 26, 36-37, 38, 40,
  56, 58
citronnelle rouillée 48
cocon 36, 40, 58
couleurs d'alerte 12, 42-43
cuivré de la verge-d'or 53

D

damier Athalie 50
déguisement 27, 30,
  34, 48, 55
demi-deuil 27

E

écailles 10, 12-13, 24
écaille tigrée 42
écaille-martre 9
exosquelette 22

FG

faux yeux 8, 12, 13, 30,
  42, 43

grand porte-queue 8, 32, 37

Machaon

H

hépiale géant 57
hespérie du yucca 57
hibernation 46-47
hypolimnas 51

LM

Lépidoptères 10

métamorphose 26, 38,
  40, 43
migration 46-47
mimétisme 32-33, 43,
  44-45, 47, 59

*Papillon
sortant de sa
chrysalide*

moiré velouté 59
monarque 43, 46-47, 52
motifs 42
muscles 11

Noctuelle choisie

N

nacré lapon 59
nectar 8, 19, 20, 21, 39, 43,
  46, 55, 59
nègre à bandes fauves 23
nervures 11, 14, 15, 39, 45

*Chenille de grande
queue-fourchue*

*Chenille à
deux têtes*

REMERCIEMENTS

**Dorling Kindersley
tient à remercier :**
Sharon Grant et Wilfrid
Wood pour la maquette.
Michele Lynch pour l'aide
éditoriale et la recherche.
Linda Martin pour
son travail éditorial
dans la préparation
du livre.
Jane Parker pour l'index.

Illustrations de :
Brian Hargreaves,
Nick Hewetson,
Tommy Swahn.

Crédits photographiques
h = haut b = bas c = centre
g = gauche d = droite

Jane Burton : 10
Matthew Chattle : 14hg
Steve Gorton : 9bd, 15
Dave King : 49hd
Kim Taylor : 27hd,
30-31bgd, 45b
Bruce Coleman Ltd. : 51bg
J. Brackenbury : 16hg
M. Fogden : 55cg
Jeff Foott : 47hg
D. Green : 32g
Jan van de Kam : 37h,
37hhd, 37bg
L.C. Marigo : 33bd
Sandro Prato : 41b
Frieder Sauer : 52c
John Shaw : 52h
Peter Ward : 31hg, 61
Oxford Scientific Films/
Mantis Wildlife Films : 25h
Planet Earth/
Alan Barnes : 19hd
A. Kerstich : 30hg
Mary Sherdian : 36b
Premaphotos : 27hg, 44, 45c,
48hg, 55hd
Wildlife Matters : 42c